AF245093

QUE VEUT

L'ESPAGNE?

PARIS

IMPRIMERIE ADMINISTRATIVE DE PAUL DUPONT

41, RUE J.-J.-ROUSSEAU (HOTEL DES FERMES)

—

1869

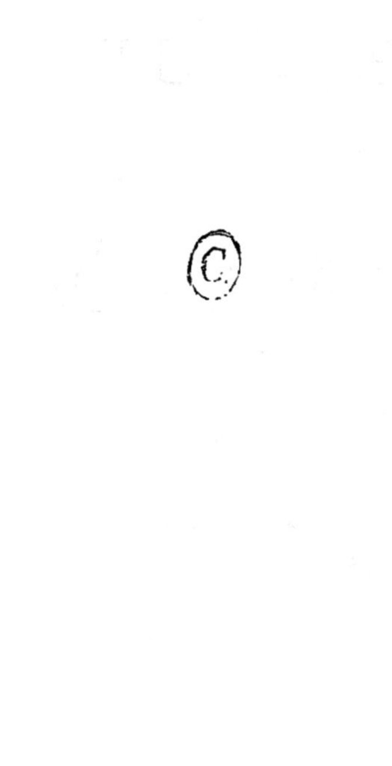

QUE VEUT

L'ESPAGNE?

Bien des gens, même ceux que leur position officielle met au courant des secrets de la politique, comme ceux qui ont étudié les mœurs, le caractère espagnol, et pourraient le mieux se rendre compte des désirs et des aspirations de la nation ibérique, bien des gens seraient fort embarrassés s'il leur fallait répondre à cette question :

QUE VEUT L'ESPAGNE?

Les Cortès ont nommé un chef du pouvoir exécutif, le maréchal Serrano !

Mais l'avénement de M. Serrano n'a point annihilé le pouvoir du gouvernement provisoire.

Le gouvernement provisoire existe toujours, pour son plus grand bonheur et pour le malheur de l'Espagne.

Il sera célèbre dans les fastes de l'histoire de la péninsule, ce gouvernement provisoire! Son incapacité, son incurie, doublées d'une sordide ambition, lui marquent une place parmi ces vampires politiques qu'on hésite à classer au nombre des fous ou des malfaiteurs.

En présence de la situation que cet honorable gouvernement a faite au pays, il serait bien difficile, sans pénétrer dans le cœur de la majorité des Espagnols pour y lire ses vœux et ses aspirations, de se former une idée de l'esprit qui l'anime.

L'Espagne est atrophiée. Elle s'est laissée aller sous l'influence pernicieuse des hommes du provisoire, comme un homme dévoyé, sous l'influence des visions qui assiégent son cerveau malade.

Nous ne rappellerons pas ici les actes passés et récents de MM. Prim, Serrano, Topete, *et tutti quanti.*

La justice de l'opinion a devancé la justice de l'histoire et les a mis au ban de la nation espagnole comme au ban de l'honneur!

On sait maintenant ce que voulaient ces hommes, à quoi tendaient leurs manœuvres hypocrites. Pauvre peuple espagnol qui n'a pas compris plus tôt que ces fanfarons de gloire, qui se donnaient des airs d'aigle, n'étaient que des vautours.

Oui, l'opinion a parlé, l'opinion spontanée, impartiale, l'opinion honnête, à qui toute bassesse répugne, et qui n'a pas besoin de réflexion pour crier : *haro!* quand elle voit passer une turpitude ; l'opinion, sans passions ni parti pris, qui s'émeut et pousse un cri involontaire en présence d'une infamie, comme on tressaille malgré soi à la nouvelle d'un crime, comme s'éloigne avec dégoût l'homme qui voit tout à coup à ses pieds ramper une bête immonde !

L'histoire parlera à son tour, juste autant qu'implacable. Elle dira que des hommes sans cœur et sans vertu, guidés par une basse ambition, après avoir, par de lâches fourberies et d'indignes intrigues, renversé le trône de ceux à qui ils devaient tout, après avoir soulevé, au cri de liberté, un peuple trompé par leur hypocrisie, travaillé par leurs conseils insidieux, ont pris, d'une main hardie, cette liberté au nom de laquelle ils parlaient, et, après l'avoir étranglée, l'ont jetée dans une oubliette, comme un homme dont on craint l'indiscrétion. Et comme l'histoire exécute elle-même ses arrêts suprêmes, elle clouera ces hommes à son pilori !

MM. Topete, Serrano, Prim, voilà la gloire qui vous attend.

S'il en est un des trois qui mérite cette gloire-là, c'est assurément le général Prim, qui de sa propre autorité s'est créé maréchal, pour montrer à la reine Isabelle qu'elle n'avait pas suffisamment reconnu ses mérites en en faisant un comte de Reuss et un marquis de Castillejos !

S'il en est un des trois qui mérite une place à ce pilori de l'infamie, c'est assurément M. Prim, qui a si dédaigneusement poussé du pied, dans l'égout, sa gloire passée, sa célébrité de grand citoyen et de brave soldat, pour les troquer contre la renommée qui s'attache aux traîtres et aux parjures.

On peut dire que M. Prim a bien trompé son monde. Ah! c'est un fameux comédien! Il a su se grimer d'une inimitable façon , et l'on ne peut lui refuser des bravos si l'audace effrontée et éhontée passe pour le talent.

Restera-t-il longtemps en scène? Nous espérons que les sifflets lui feront comprendre qu'il n'est qu'un pître et que la scène où il se meut n'est point faite pour un pître, ce pître eût-il été, avant de monter sur les planches, un Espagnol de cœur et un vaillant soldat!

La nation espagnole, trop longtemps perdue dans les ténèbres, s'est peu à peu traînée vers la lumière qu'elle apercevait là-bas, devant elle, faible et vacillante, mais dont les rayons éclatants l'ont éclairée dès qu'elle a été proche d'elle. Après avoir trop longtemps erré à tâtons dans l'ombre, elle commence à voir clair, et, comme un homme qui s'éveille après une nuit mauvaise, elle cherche à chasser loin d'elle son horrible cauchemar pour renaître à la vie réelle.

Elle a compris ce qu'on avait fait d'elle, où l'on veut la mener. Elle a du cœur; elle se récrie, elle se révolte. Elle est lasse de son état de prostration. Elle se relève.

Le voile qui couvrait ses yeux s'est dissipé en même temps que ceux qui l'ont trompée ont laissé tomber leurs masques.

Le spectacle qu'elle a devant elle la dégoûte. Elle a assez de ces bas intrigants, de ces ambitieux, de ces pantins politiques, jaloux de leur ombre, et qui, l'œil aux aguets, l'oreille tendue, ne se rapprochent doucereusement aujourd'hui que pour mieux se déchirer demain.

Ils feront mentir le proverbe qui dit que *les loups ne se mangent pas entre eux.*

La nation espagnole veut aujourd'hui le calme sans lequel elle ne peut espérer de prospérité. Elle veut voir refleurir son industrie ruinée par ce guet-apens politique que ses auteurs ont affublé du nom de révolution. Elle veut voir se rétablir l'ordre dans ses finances en désarroi. Elle veut de l'honneur; elle est rassasiée d'infamie !

Elle demande que le gouvernement provisoire dépose ce pouvoir souillé par toutes les bassesses que peut inspirer la cupidité. Elle demande que les hommes qui se sont donnés le nom de gouvernement provisoire lui rendent le mandat qu'ils lui ont volé.

Elle pense avec juste raison que pour gouverner un pays il faut d'autres hommes que des piliers de caserne et des traîneurs de sabre.

Elle veut revenir à son passé, que des traîtres l'ont forcée à renier malgré elle. Elle veut rentrer dans ses traditions. Elle veut un roi, un monarque qui, fort de sa droiture, de sa conscience, de l'appui de son peuple, connaissant ses devoirs, conciliant les droits de l'autorité et les droits de la liberté, arrête l'essor révolutionnaire et prévienne les guerres intestines qui menacent de déchirer un malheureux pays, plus terribles que celles qui, pendant si longtemps, ont donné au monde un si sanglant et sinistre spectacle.

Quel est le génie bienfaisant qui, seul, peut combler les désirs du pays et faire de l'Espagne ce qu'est maintenant la France, une nation riche, heureuse, grande et florissante ?

M. de Montpensier ne se fera pas l'honneur de penser que cet homme doit être lui !...

Ses ennemis et surtout ses amis ont assez fait pour faire éclater dans sa splendeur toute sa nullité.

Mais, n'allons pas plus loin.

Nous croirions faire injure à la fierté du peuple espagnol en supposant un moment qu'il puisse reconnaître pour son roi le fils de Louis-Philippe. L'Espagne, que nous sachions, ne voudrait pas, pour son maître, du fils de ce vieil usurier dont le peuple français fit bonne justice en un jour d'indignation.

Le peuple espagnol n'obéira jamais à ceux que l'exécration publique a chassés de la terre de France.

Montpensier est à la recherche d'un trône, comme Jérôme Paturot à la recherche d'une position sociale. Il ne trouvera pas de trône. Tout ce qu'il pourra trouver sera une sellette sur laquelle il s'assiéra pour écouter son arrêt... arrêt qu'il connaît déjà, mais qu'il s'entête à ne pas vouloir comprendre.

Entêtement de cynique qui se méprise lui-même !

. Si Montpensier est roi d'Espagne, il n'y aura plus d'Espagne. Le royaume d'Alphonse le Sage ne sera plus qu'une province dépendant de certaines puissances étrangères qui subventionnent M. de Montpensier. Quant à M. de Montpensier, il ne changera pas de rôle ; il sera toujours le valet de ces puissances. Seulement on triplera ses gages, et il aura un peu plus d'or sur les parements de son habit, voilà tout !

Nul ne sait ce que l'avenir réserve aux nations.

Si un jour, par une de ces fatalités dont Dieu seul a le secret, la famille d'Orléans rentrait en France, que deviendrait la France ?

Ils sont là, ces d'Orléans, toujours avides et ambitieux ; ils sont là, à l'affût, attendant la chute d'un trône pour reconstruire le leur sur ses débris. Ce sont d'effrontés et d'audacieux braconniers. Ils resteront longtemps *bredouille,* s'il plaît à Dieu.

Mais supposons un instant qu'ils ceignent un jour leur front de la couronne de France — ou plutôt de la couronne de Louis-Philippe, qu'ils ont ramassée dans la boue, et qu'ils gardent comme une relique (la couronne de Napoléon est trop large pour leur front),— il n'y aurait plus de France. Comme le criminel qui se hâte de jouir des fruits de son forfait, guidé par le sentiment de son expiation prochaine, MM. d'Orléans, sachant que leur règne serait de courte durée, se hâteraient de prendre une revanche des journées de 48. Ils videraient d'abord le trésor public dans leurs poches dont nul ne saurait sonder la profondeur, et, une fois leur magot fait, ils se sauveraient un soir, à la nuit tombante, après nous avoir livrés, pieds et poings liés, à nos ennemis qui sont leurs bons amis.

Par exemple, nous deviendrions Prussiens !

Eh bien ! l'Espagne, si Montpensier devient son roi, subira le sort que subirait la France. Elle deviendra... quelque chose; mais, à coup sûr, elle ne resterait pas l'Espagne !

La France veille. Elle se plaît drapée dans son manteau de gloire ! Que l'Espagne fasse comme la France !

Qu'elle travaille d'abord à sa reconstitution, à son salut, et, une fois redevenue ce qu'elle fut jadis, grande et honorée, qu'elle veille à la garde de son honneur et qu'elle chasse de ses temples les juifs et les marchands !

Aujourd'hui, il n'y a plus de prétendants au trône d'Espagne. S'il avait dû en surgir un sérieux et indiscutable, c'eût été le prince des Asturies, le prince des Asturies régnant avec une régence.

On met en avant l'union ibérique.

Utopie imaginée par les politiques à cervelle creuse !

Alors même que don Fernando, appelé par le vœu du peuple espagnol, eût accepté la couronne, nous l'avons dit et démontré souvent, il n'aurait pas eu le temps de la poser sur sa tête.

Soudain, la guerre civile éclaterait, terrible, implacable dans les représailles. Carlistes, Montpensiéristes, légitimistes, républicains s'égorgeraient l'un l'autre, sans merci !

L'Espagne eût été ensevelie sous une mer de sang.

Il ne faut pas que de nouvelles dynasties s'implantent en Espagne. Ce malheureux pays a déjà été assez éprouvé. Il n'est pas besoin que, pour satisfaire leur ambition personnelle ou seconder les vues de quelques puissances absorptives, certains princes d'aventure ou de moralité douteuse viennent, en posant leur pied sur son sol, y porter la guerre intestine et toutes les calamités qui en sont la conséquence fatale.

Il n'y a qu'une seule dynastie que puisse reconnaître l'Espagne sans renier son passé et sans compromettre son avenir, c'est la dynastie d'Isabelle II, que, d'ailleurs, le pays n'a jamais proclamé déchue, la reine s'étant volontairement exilée, sacrifiant, avec le cœur de la femme et la dignité de la reine, sa couronne à la paix de la nation.

Oui, la dynastie d'Isabelle II, la dynastie légitime, est la seule qui soit en rapport avec les traditions et les vœux du peuple espagnol. Et pourtant cette dynastie n'a pu, elle, aimée et respectée du peuple, elle, essentiellement espagnole, avoir raison de la guerre civile, grâce à la trop grande puissance laissée aux généraux et aux chefs militaires, dont l'ambition, l'envie, la jalousie ont entretenu pendant de si longues années, dans la péninsule, un foyer de discordes.

Et l'on songerait à créer de nouvelles dynasties ! On voudrait imposer à l'Espagne un roi étranger ! On croit qu'un don Fernando, un Montpensier, gens impopulaires, détestés, pourraient réussir là où vient d'échouer une monarchie séculaire, estimée, vénérée, aimée !

Mais c'est de l'aberration ! Il faut, pour émettre une pareille idée, connaître bien peu le caractère espagnol, ou désirer beaucoup la ruine de l'Espagne.

Nous ne saurions trop le répéter : l'Espagne, trop longtemps tourmentée par toutes les discordes, violentée par toutes sortes d'intrigues et de ténébreuses conspirations, l'Espagne veut reconquérir le calme et travailler à sa prospérité.

Elle n'arrivera pas à son but par l'union ibérique, encore moins par la république. Elle le sait. Aux abois, ballottée sur la mer orageuse des révolutions, elle a usé du moyen suprême. Elle a jeté son ancre de salut. Elle l'a jetée sur la terre de France.

La France, la nation généreuse et puissante, lui semble être son ange tutélaire. C'est sous son aile qu'elle se réfugie, sûre d'y trouver aide, victoire et grandeur !

L'Espagne s'annexera à la France. C'est là son vœu secret, qu'elle ne tardera pas à exprimer hautement.

Le Portugal suivra son exemple, car lui aussi verra dans cette annexion sa fortune et son salut.

Certes, le peuple espagnol ne se ralliera pas à cette politique à l'unanimité. Une minorité faible, mais entêtée, inébranlable dans ses utopies, protestera. Il y aura des luttes, des combats; mais l'idée tuera le sabre. La majorité l'emportera, parce qu'elle représentera les intérêts et l'avenir de tout un peuple.

Oui, ce rêve tant caressé, tant désiré il y a soixante ans, sous le règne de l'empereur qui fit la France si glorieuse et si puissante, ce rêve se réalisera.

La force des choses le veut ainsi.

Aujourd'hui ou demain !

C'est un grand pas à faire. De la révolution à son annexion à la France, l'Espagne sait que le chemin est immense. Mais le but est plus immense encore.

C'est la république qui conduit la révolution à l'annexion. La république, une transition fatale, inévitable ! la république qui, en montrant au peuple espagnol sa situation sous son vrai jour, ne fera que l'exciter davantage à précipiter sa marche vers le moment où, abrité sous les plis du drapeau tricolore, il marchera côte à côte, en frère, avec le peuple français !

La France alors, la France composée de deux peuples braves et unis dans leur foi, la France sera forte et invincible. Elle pourra, le front haut et fier, regarder, sans craindre ses menaces et ses fanfaronnades, la Prusse trôner en hautaine souveraine au milieu de ses annexions !

L'Espagne étant française, la France, plus que jamais, dominera sur l'Afrique, dont elle ne sera plus séparée. Elle pourra enfin, de cette riche contrée qui ne peut que contribuer à sa richesse, faire ce qu'elle a fait d'elle-même, un pays prospère et florissant, une province digne de la première nation du monde !

Oh ! comme elle serait grande alors la France ! Comme il serait fier, ce drapeau de 1789, flottant en même temps sur les clochers de Barcelone et de Madrid, au vent de l'Afrique, sur les palais de Lisbonne et sur le dôme du Panthéon ! Comme le monde s'inclinerait respectueux devant les enfants des vainqueurs d'Austerlitz et des héros de Waterloo ! Comme l'univers marcherait en paix vers le progrès et la liberté sur les pas de la France, cette fille aînée de Dieu !

Ce n'est pas nous qui parlons, ce sont les faits.

Nous ne sommes ni pour Isabelle II, ni pour ses ennemis; nous sommes pour l'Espagne. Nous combattons pour sa sécurité dans le présent, pour sa prospérité dans l'avenir.

Résumons-nous. De deux choses l'une.

L'Espagne veut :

Ou le rétablissement du trône avec la dynastie d'Isabelle II, la seule légitime, la seule possible, la seule dont aucune nation ne puisse contester les droits; ou l'annexion à la France.

En rappelant la reine exilée volontaire, ou en acclamant son fils Alphonse, prince des Asturies, l'Espagne prouverait qu'elle n'a pas dégénéré; que, fidèle à ses traditions, elle reconnaît encore comme seule digne de la gouverner la race qui par le passé a tant fait pour sa prospérité et sa gloire !

En s'annexant à la France, elle montrerait que son cœur bat à l'idée seule du progrès et de la liberté: car elle s'unirait à la nation qui, depuis 1789, marche à la tête du gouvernement européen portant d'une main la branche d'olivier, symbole de la paix, et de l'autre le drapeau tricolore, emblème de la liberté éternelle !

Que l'Espagne consulte son cœur !

Malgré le coup de main que pourrait tenter M. de Montpensier, la péninsule optera entre une de nos deux solutions. — M. de Montpensier, s'il parvenait, ce qu'à Dieu ne plaise ! à escalader les marches du trône, ne conserverait la couronne que le temps de vider le trésor public, d'emplir sa bourse. Le peuple espagnol en ferait bientôt justice ; mais il faudrait qu'il se presse, car M. de Montpensier, lui, ne perd pas de temps, surtout quand il s'agit de crier

auve qui peut ! Exemple : sa belle conduite en 1848 ; il s'enfuit
es Tuileries, comme un larron, abandonnant son digne père
.ouis-Philippe à la fureur populaire et laissant dans ses apparte-
ents sa femme éplorée et folle de terreur !

Alors, plus que jamais, l'Espagne ouvrirait les yeux ; elle se
arderait du précipice béant sous ses pas, et, pour appuyer sa
arche tremblante, elle s'appuierait sur le bras fort de la France.

Oui, la république espagnole, cette fille adorée de la liberté, se
tterait dans les bras de sa mère. Sa mère, c'est la France, car la
rance, c'est la liberté !

Paris, Imp. Paul Dupont, 41, rue Jean-Jacques-Rousseau. — 905.3.9.

www.ingramcontent.com/pod-product-compliance
Lightning Source LLC
Chambersburg PA
CBHW061830060726
47597CB00008B/3444